Lauseengel Emma

Eine Geschichte von Doris Wirth
mit Bildern von Frauke Weinholz

www.bennyblu.de

Das ist Emma viel zu öde. „Ich will kein braver Engel mehr sein", schimpft sie. „Lieber ein frecher Bengel!"

Emma beschließt: „Ich mache einen Ausflug auf die Erde!" Das ist nämlich für kleine Engel streng verboten und deshalb richtig frech. Heimlich schleicht sie sich zur großen Himmelsleiter und klettert schnell die Sprossen hinunter.

Doch Emma ist ein Tollpatsch. Sie verfehlt eine Leitersprosse und purzelt hinunter zur Erde. Vor lauter Schreck vergisst sie, ihre Engelsflügel zu schwingen.

Plumps! Emma landet unsanft in einem Sandkasten. Oh nein, ihr Heiligenschein ist völlig verbogen. Was soll sie jetzt bloß machen? So kann sie sich im Himmel nicht mehr blicken lassen.

Aber Emma hat eine Idee: „Ich gehe einfach zu einer Heiligenschein-Reparatur-Werkstatt. Dort hilft man mir bestimmt!" Sofort macht sie sich auf die Suche.

Emma kommt durch einen Park. Dort fragt sie einen Jungen: „Gibt es hier eine Heiligenschein-Reparatur-Werkstatt?" – „Keine Ahnung", schluchzt der Junge. „Aber warum weinst du denn?", will Emma wissen.

„Meine Katze traut sich nicht mehr vom Baum", erklärt er traurig. Emma überlegt nicht lange und breitet ihre Engelsflügel aus. Geschickt flattert sie hinauf und holt die Katze herunter.

"Vielen Dank, lieber Engel", jubelt der Junge. "Gern geschehen", meint Emma. Da biegt sich auf einmal – kritsch, kratsch, krutsch – ihr Heiligenschein ein Stückchen gerader. Doch Emma merkt das gar nicht und sucht weiter nach einer Werkstatt.

Emma geht eine Straße entlang. „Pfui, wie sieht es denn hier aus?", schimpft sie. „Überall liegt Müll herum." Eifrig sammelt sie die Abfälle ein.

Dabei biegt sich – kritsch, kratsch, krutsch – ihr Heiligenschein wieder ein bisschen gerader. Ohne es zu bemerken zieht Emma weiter.

Da begegnet Emma einer Entenfamilie. „Hallo, ihr süßen Enten! Könnt ihr mir vielleicht sagen, wo es hier eine Heiligenschein-Reparatur-Werkstatt gibt?" – „Das wissen wir leider nicht", bedauert Mama Ente. „Aber vielleicht kannst du uns helfen? Wir möchten gerne über die Straße gehen. Aber hier fahren so viele Autos." – „Natürlich helfe ich euch!", erklärt sich Emma sofort bereit.

„Was soll ich jetzt nur machen?", murmelt Emma unglücklich. „Niemand weiß, wo eine Heiligenschein-Reparatur-Werkstatt ist." Gedankenverloren schwebt sie an einem Supermarkt vorbei und stößt beinahe mit einer älteren Dame zusammen. „Nanu, du kleiner Engel", sagt diese freundlich. „Du guckst aber traurig. Ich glaube, du brauchst eine Ablenkung. Magst du mir mit meinen schweren Einkaufstüten helfen?"

Klar mag Emma. Sie fliegt der Dame die Einkaufstüten nach Hause. Und – kritsch, kratsch, krutsch – der Heiligenschein ist wieder ganz gerade! Als sich die Dame bei ihr bedankt, fragt Emma sie: „Wo ist denn die nächste Heiligenschein-Reparatur-Werkstatt, bitte?"

„Warum brauchst du denn eine?", wundert sich die Dame. „Dein Heiligenschein ist doch völlig in Ordnung." Emma befühlt vorsichtig ihren Heiligenschein. Tatsächlich! Er ist wieder genauso wie vorher. Sie jubelt und saust schnell zur Himmelsleiter.

Im Himmel angekommen springt Emma erleichtert auf ihre Wolke. Puh, war das aufregend! Da gerät sie ins Grübeln.

Der Junge mit der Katze, der verstreute Müll, die Entenfamilie, die alte Dame ... All ihre guten Taten haben ihren kleinen Ausrutscher wohl wieder geradegebogen.

„Und Gutes tun ist gar nicht so langweilig, wie ich dachte", stellt Emma zufrieden fest. „Ab jetzt will ich immer ein braver Engel sein. Naja, zumindest ein braver Lauseengel."

Weitere Titel

Bei **Benny Blu Bambini** findet ihr auch diese Bücher ...

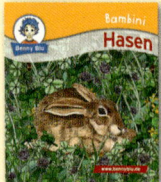

... und noch viele, viele mehr!